AF561968

LE CADVCÉE FRANÇOIS.

Sur la Ville d'Auignon, Comté Venaissin, & Principauté d'Orange.

Par Mᵉ ESPRIT SABATIER, du lieu d'Oppede, Aduocat en la Ville & Cité d'Auignon.

A AVIGNON,
Par GEORGE BRAMEREAV,
Imprimeur de la Ville, & Vniuersité.

M. DC. LXII.

A
TRES-HAVT ET TRES-PVISSANT SEIGNEVR, MESSIRE

HENRY DE MEYNIER DE FORBIN,

CHEVALIER, COMTE PALATIN, Conseiller du Roy en ses Conseils, premier President en la Souueraine Cour du Parlement de Prouence, Seigneur & Baron d'Oppede, & autres places.

ONSEIGNEVR,

Ne me pouuant addresser à personne qui passionne plus les interests de sa Majesté

ã 2

EPISTRE.

Tres-Chrestienne, qu'à VOSTRE GRANDEVR. *J'ay pris la hardiesse de vous dédier ce petit* Caducée François, *sur la* Ville d'Auignon, Comté Venaissin, & Principauté d'Orange, *qui se va ietter à vos pieds, pour se mettre à labry des médisans, qui n'oseront parler, sçachant que* VOSTRE GRANDEVR *l'a sous sa Protection; & que l'Autheur est,*

MONSEIGNEVR,

Vostre tres-humble, tres-obeïssant, & tres-fidele Seruiteur, & Sujet.
ESPRIT SABATIER.

AV LECTEVR.

IL n'y a personne qui doute, que toutes les choses humaines soient de certaine fin limitées & terminées, d'vn cours que leur conuient faire, & acheuer.

La joyë que le Peuple d'Auignon a témoigné, lors que ce GRAND ROY TRES-CHRESTIEN a commencé de mettre fin aux iours, que la Ville d'Auignon, & Comté Venaissin, auoient à demeurer és mains du Saint Siege, m'a obligé à mettre sous la Presse ce petit Traitté, vray Caducée ; puis qu'il contient le veritable Discours des Droits que sa Majesté a sur ladite Ville d'Auïgnon, Comté Venaissin, & Principauté d'Orange. Ensemble des troubles & changemens de Maistres, que ladite Ville a soufferts depuis sa fondation, iusques à present.

Ce n'est pas que ie pretende que tu m'ayes de grandes obligations, puisque ie ne te donne rien du mien. Que si tu as quelque chose de plus particulier pour ce sujet, ie seray bien aise que tu le mettes en lumiere, pour seruir de censure à ce mien Labeur, qui ne t'a esté donné que pour te diuertir. Adieu.

LE CADVCEE FRANCOIS, SVR LA VILLE D'AVIGNON, Comté Venaissin, & Principauté d'Orange.

VIGNON suiuant l'opinion de Strabõ & Ptolomée, Geographes anciens, a pris son Nom de l'*Aüenium*, ou l'*Auenic* Capitaine des Cauars venus en ce Pays en l'an 3418. apres la Creation du Monde ; & pour ce sujet on l'appelloit *Auenio Cauarum*. Si bien quelques Autheurs luy ont donné diuerses Origines : sçauoir, des mots *Aduenis*, *Vineis*, & *à Venatione*; desquels l'explication seroit inutile pour le sujet.

Cette Ville est ancienne tout autant que Marseille, Tolon, Nismes, Grenoble, Orange, Cauaillon, & plusieurs autres Villes, qui ont esté faites à vn mesme temps par les Phossens Yons, sortis de la Grece, qui diuiserent leur Armée en diuerses Legions, & les mépartirent d'vn costé & d'autre; ainsi que rapporte Bizantius, & Apollinaire; lesquels appellent Auignon, *Auenicus*, & *Auenica* : D'où est sorty le nom du Comtat Venaissin.

Et quoy que les Romains de son temps eussent subjugué tout l'Vniuers, Auignon neantmoins viuoit exempte de toute seruitude, & comme espece de Republique, alliée à l'Empire Romain, auant mesme la venuë de Iesus-Christ, du temps de Octauian Cesar, Empereur des Romains, premier de ce nom, sous lequel nostre Seigneur Iesus Christ nasquit, y ayant de ce temps-là vne Paix Generale par tout le Monde, qui dura plus de quarante ans; ainsi que rapporte Orosius : à occasion dequoy les Romains Payens & Idolatres, croyant que ledit Empereur estoit la cause de cette Paix, le vouloient adorer comme Dieu, pour sa grande bonté : Mais il ne le voulut pas souffrir, & voulut sçauoir ce qu'en disoit la Sibille Tribultine, laquelle fit voir en l'air vne Vierge sur vn Autel, tenant son Fils entre ses bras, enuironné de douze Estoiles, d'vn Soleil, & d'vne Lune sous ses pieds.

La Ville d'Auignon est ancienne, non seulement en sa fondation, mais encor en la Foy de Iesus-Christ : car S. Ruf, qui est le Fils de Simon le Syrenéen, celuy qui aida à porter la Croix à nostre Seigneur sur le Mont de Caluaire ; y a semé les premiers vestiges de nostre Foy. Si bien Sainte Marthe (de laquelle on voit encor la Grotte, ou Chapelle, à costé de la Metropolitaine, de la presente Ville) y estoit venuë quelque temps auparauant.

Ladite Ville dudit temps estoit encor sous l'authorité des Empereurs Romains, comme i'ay desia dit ; & y a demeuré iusques à ce que venant les Romains à amoindrir leurs forces, par le moyen des troubles, que luy donnerent diuerses Nations, principalement les Bourguignons venans du costé des Allemagnes, lesquels enuahirent tout ce qui est aujourd'huy sous les noms de Bourgogne, Dauphiné, Comté Venaissin, & Prouence; & d'icelles en composerent le Royaume de Bourgogne, dans lesquelles limites Auignon estoit enclos : tellement que la Ville d'Auignon à passé des mains des Grecs, aux Romains, des Romains aux Bourguignons, entre les mains desquels elle a demeuré iusques à ce que Clouis premier Roy Chrestien prit à femme Clotilde, fille du Roy de Bourgogne. Nonobstant que les Gots & Sarrazins ayent grandement troublé leur repos, & plusieurs autres heresies auparauant: car iusques en l'an 324. personne ne s'est osé dire Euesque d'Auignon : pour le moins on n'en trouue aucune memoire ; Si bien Saint Denis au Canon Ecclesiasticas, en l'an 270. a reglé les Eueschez. Et cela pourroit bien venir de ce que de ce temps là on ne les appelloit pas Euesques, mais bien Apostres.

Du commencement que les Gots furent entrez en ce pays, regnant l'Empereur Constantin, ils se declarerent Catholiques: mais cela ne dura pas long-temps: car à la suasion de leur Euesque Vulphilaus, se declarerent Arriens, pour complaire à l'Empereur Valerius, ou Valens; à cause du seruice qu'il leur auoit rendu sous la conduite de Fridigene leur Capitaine, contre Athalaric, vn des autres Conducteurs d'iceux dans leur Guerre Ciuile, laquelle heresie ledit Empereur soûtenoit : mais peu apres cette heresie se calma, & les Gots furent chassez tout à fait de la ville d'Auignon par Childebert, vn des fils de Clouis, & entierement défaits sous Totille, par Naicelle, ou Narcisse, Lieutenant General de l'Empereur Iustinian : comme est rapporté par Dupreau en son Histoire Ecclesiastique.

A grand peine cette heresie auoit pris fin, que les Sarrazins par moyen du Comte Maurise, mécontent d'Auignon, commencerent à troubler le repos des pauures Auignonnois : Nonobstant que les habitans fissent tout leur possible pour les empescher mesme lors qu'ils venoient du costé de Prouence, & au Pont qui estoit proche Caumons sur la Durance, lequel à cause de la grande occision qui fut faite de plusieurs Seigneurs & Gentil-hommes Auignonnois. On le nomma le Pont de Maupas, & du depuis du temps des Huguenots, les voleurs qui estoient à l'entour ayans esté défaits, on y a changé son nom, & l'appelle t'on le Pont de bon pas.

Pour honorer les morts, qui auoient esté occis à la bataille desdits Sarrazins, proche ledit Pont. On y fit bastir vne Chapelle, qui fut par apres donnée aux Templiers en l'an 1162. lesquels regnerent iusques au temps de Philippe le Bel, & Clement V. auquel temps furent chassez de la France, à occasion des maux dont ils estoient accusez ; & leur Chapelle & biens fut donnée par Iean XXII. successeur de Clement V. à S. Bruno, où il y a à present vn beau & riche Conuent des Peres Chartreux.

Lesdits Sarrazins exercerent plusieurs & diuerses cruautez, tant à la Ville d'Auignon, qu'aux lieux circonuoisins: Mais à la fin en l'an 735. & le 15. Aoust furent chassez de la ville d'Auignon par Charles Martel, & entierement défaits par Charlemagne, Empereur & Roy de France, qui détruisit leur Armée, commandée par seize Rois Sarrazins.

Apres ladite défaite desdits Sarrazins, ledit Empereur fit des grands biens & dons aux Eglises d'Auignon, fit reparer toutes les ruïnées, notamment la Metropolitaine, à laquelle il fit faire ce beau Cloistre, & y donna, & à l'Euesque plusieurs biens, & rentes, lesquelles donations Louïs le Debonnaire confirma par apres, & luy donna le fief de Bedarrides, & son Terroir, & vne Isle dans le lit du Rône, en l'an 822.

La Ville d'Auignon donques a demeuré sous l'authorité du Roy de Bourgogne, iusques à ce que Clouis premier Roy Chrestien prit à femme Clotilde, comme i'ay dit cy deuant, fille de Childeric, Roy de Bourgogne, que Gondebaud son frere auoit fait mourir pour auoir ledit Royaume; rapporté par Gilles en ses Chroniques, & Annales de France : à laquelle la ligne des Rois de Bourgogne finit : tellement que les enfans de Clouis, qui estoient en nombre de quatre, trois legitimes, & vn bastard : sçauoir, Clotere, Clodomire, Childebert, legitimes, & Theodoric bastard : se diuiserent led. Royaume : Clotere eut pour sa part le Vermandois, Picardie, Flandres, la Normandie, & mit son Siege de Royaume à Soissons : Clodomire eût la Bourgogne, Dauphiné, & toute la Prouence : & par consequent Auignon, & le Comtat, & mit son Siege à Orleans : Childebert eût Poitou, Paris, Touraine, la Maine, & l'Aquitaine.

Theodoric, qui estoit bastard, eût la Lorraine, le pays deçà & delà le Rhin, iusques à Reims, & tint son Siege à Mets.

Iceluy Clouis mort, Theodoric Roy des Gots, pour se vanger des iniures qu'il auoit receuës de Clouis, dressa vne puissante Armée, enuahit toute la Prouence, mesme Auignon : mais iceluy Theodoric mort, Theodobert petit fils de Clouis recouura dela femme d'iceluy tout ce que son mary luy auoit vsurpé.

Theodobert mort, succeda Thibal son fils, desmains duquel l'Empereur Iustinian osta le Royaume de Bourgogne, & par consequẽt Auignon, fors quelques Villes de la haute Bourgogne. Mais Clotere reünit, & recueillit lesdits Royaumes par la mort de ses autres freres, qui moururent sans hoirs, & qui auoient esté diuisez en quatre.

Quelque temps apres, ledit Clotere ayant plusieurs enfans, donna à Gontran l'vn d'iceux, les villes qui luy restoient de la haute Bourgogne, & le fit Tuteur de ses autres enfans, auquel donna le Royaume de France, & tous les autres qu'il auoit vny, lequel Gontran fit si bien, qu'il recouura de Iustin tout ce que Iustinian luy auoit vsurpé, & apres en auoir iouy quelque temps, remit à Clotere second, fils de Clippery le Royaume de France, & à Childebert fils de son autre frere, qu'il adopta pour son Fils, le Royaume de Bourgogne, lequel reünit de nouueau tous lesdits

Royaumes, qui ont par apres esté possedez vnis par les Roys & enfans de France, iusques en l'an 876. que Charles le Chauue, petit fils de Charlemagne donna à Boson Comte d'Ardene, pour la dote d'Emengrade, fille du Roy Louys le Debonnaire, sa Niepce, le Royaume de Prouence sous la Souueraineté des Roys de France, & le nomma le Royaume d'Arles.

Ledit Boson ayant esté sacré Roy par Rostain Archeuesque d'Arles audit an 876. ainsi que le rapporte Paradin, fit reparer plusieurs Eglises ruïnées, fit bastir l'Eglise Nostre Dame la principal : encor que les Habitans d'Auignon ne voulussent pas dépendre du Royaume d'Arles.

Ledit Boson & ses successeurs ont regné quelque temps audit Royaume, sous la souueraineté des Rois de France: Nonobstant que Carloman fit son possible de recouurer ledit Royaume, disant que Charles le Chauue, ny son Pere Louys l'auoient pas pû démembrer de la France, puisque Auignon & la Prouence auoit esté conquise sur les Gots par Childebert : aussi bien lesd. Roys d'Arles n'ont iamais ioüy d'Auignon, ny de plusieurs autres Villes de la Prouence, que par titre; icelles ne les ayant voulu reconnoistre, & c'est iusques en l'an 980. que Rodolphe V. & dernier Roy d'Arles, pour se vanger de ladite ville d'Auignon, & des autres de la Prouence, qui ne l'auoient pas voulu reconnoistre, fit heritier l'Empereur Conrad: Mais Cassan dit ce Testament estre imaginaire, & quand il l'auroit fait, seroit inutile, puisque ledit Royaume n'auoit esté donné, que sous la Souueraineté du Roy de France; & soit que la Prouence, Auignon, & le Comté, soient paruenus ausdits Comtes, par le moyen dudit Conrad, ou que par succession hereditaire, Gilbert se disant de la race de Boson, qu'on dit auoir esté le premier Comte Souuerain, l'aye acquise. Si trouuons nous que ladite Ville d'Auignon a toûjours fait difficulté de reconnoistre lesdits Comtes, & viuoient en espece de Republique: Nonobstant qu'iceux Comtes luy ayent fait de grands biens: comme le Comte Bertrand & Geofroy, lesquels donnerent à l'Eglise Metropolitaine vne belle Isle dans le Rosne, de grand reuenu. La Comtesse Odda fonda vn Monastere des Dames Religieuses sur la Montagne de Moderergues. Guillaume Comte de

Salignan,

Salignan, qui pretendoit Iurisdiction sur ladite Ville, s'en défit en faueur de l'Euesque & de l'ad. Ville. Advoüant les Consuls souuerains en l'an 1154. auquel temps l'Euesque d'Auignon, appellé Geofroy, fit les Loix de Republique, & audit temps les Armes de ladite Ville furent changées : estant auparauant vne ville carrée, & à sa place fut mis quatre testes, soûtenuës par deux Gerfaux, qui denotoient les quatre Magistrats qui gouuernoient la Republique. Et le Pape Clement VI. quelque temps apres qu'il eût acheté ladite ville, fit mettre trois Clefs, & laissa lesdits Gerfaux. Alphonse Comte de Prouence, Roy d'Aragon, confirma les Priuileges & Franchises, en faueur de l'Eglise, & Euesché d'Auignon. L'Empereur Federic confirma la Declaration de Guillaume à l'Assemblée de Bezanson en l'an 1157. & donna aux Euesques d'Auignon le pont de Maupas auquel temps (comme i'ay dit) les Templiers commencerent à estre en estat ; & quelques années apres en l'an 1177. Saint Benoit, fit bastir ce beau pont sur le Rhosne.

Gilbert donques se disant de la race de Boson en l'an 1170. occupa la Prouince de

Prouence : Mais il ne joüit iamais que par Titre d'Auignon, ny de plusieurs autres Villes, qui n'ont pas voulu le reconnoistre: Mais viuoient comme espece de Republique; & venant ledit Gilbert à mourir, laissa à luy suruiuant deux filles; l'vne appellée Douce, & l'autre Faydide. Douce fut mariée à Reymond Berengier, Comte de Barselonne. Faydide fut mariée à Alphonse Comte de Tolose, lesquels deux Comtes se diuiserent les biens dudit Gilbert : En façon qu'à Reymond Berengier, obuint tout ce qui est de la Prouence, depuis la Mer Mediterranée, iusques à la Durance, & des Alpes iusques au Rhosne; & à Alphonse la part du costé de Prouence, depuis la Durance iusques à l'Isere, & des Alpes de mesme iusques au Rhosne. Demeurant par indeuis la Cité d'Auignon, son Terroir, Caumons, le Pont de Sorgues, & autres lieux en dépendant, à cause de la difficulté que faisoient les Habitans d'Auignon, de reconnoistre lesdits Comtes, ainsi que se lit en la transaction, passé entre lesdits Comtes en l'an 1125. lequel accord Cassan dit, qu'il ne dura guere : Mais que lesdits Comtes s'entreuirent de nouueau dans l'Isle du Charnegue, où fut conclu e Mariage du fils de l'vn auec la fille de l'autre; que ce Mariage ne sortit pas à effet; & du depuis toutes les pretentions du Comte de Prouence, d'Auignon, qu'autres lieux du Comté Venaissin, furent cedez à la Couronne de France par Dom Iaques Roy d'Aragon, & Comte de Barcelonne l'an 1260. par le Traitté fait à Clermont en faueur du Mariage de Dame Isabelle Reyne de France, lequel quitta à Philippe le Hardy, Roy de France, fils de Saint Louys. Tous les droits qu'il pouuoit auoir & pretendre sur les Comtés de Prouence, Forcalquier, Auignon, Aix, & Marseille.

Et poursuiuant son discours autre part, il dit, que par le Traitté fait auec S. Louys, le Legat du Pape & Reymond, dernier Comte de Tolose, fut arresté que la fille dudit Comte, appellée Ieanne, seroit mariée auec Alphonse frere de S. Louys, & que venant à mourir sans enfans, lad. Comté de Tolose, & tous les droits que ledit Comte auoit sur la Prouence, & sur la ville d'Auignon, retourneroit à la Couronne de France; ce qui est arriué: car Alphonse mourut au voyage de la Terre Sainte. Que la ville d'Auignon est retournée aux Roys de

France, par le Testament du dernier Comte de Prouence.

Et si bien la Prouence, & Auignon, ont esté possedées par lesd. Comtes, que cela estoit sous la souueraineté, & bon vouloir des Roys de France: Mesme que les Empereurs qui pretendoient y auoir droit, ont advoüé que les Roys de France en estoient les Souuerains, & que leurs droits par le moyen du testament de Rodolphe, estoient imaginaires.

Et ce qui m'est fin à toute difficulté, c'est qu'en l'an 1330. Philippe de Valois acheta de l'Empereur Henry la Souueraineté du Royaume d'Arles, dans lequel achept la Prouence, Arles, Auignon, & Orange, y sont compris (achet veritablement inutile, puisque le Royaume d'Arles n'auoit esté fait, que sous la souueraineté des Roys de France.

Moins encor peut seruir la pretenduë donation, faite par l'Empereur Charles à l'Eglise Romaine de lad. ville d'Auignon, apres l'achet qui en fut fait par Clement VI. car l'Empereur n'y auoit aucun droit: Que quand il y en auroit eu, il ne seruiroit de rien, puisque lad. vente est nulle, par tant de raisons qu'il a deduites en fait & en droit, qu'on n'en sçauroit douter.

Dupuy qui a fait semblables recherches, en apporte trois qui sont infaillibles.

La 1. l'allienation de la moitié que Philippe le bel en a fait, qui estoit venu à la Couronne de France, par la mort de Ieanne & d'Alphonse, Comte & Comtesse de Tolose.

La 2. la minorité de Ieanne où pouuoit encor dire vente faite sans realité.

La troisiéme, les deffenses d'alliener, tant du costé de Robert, Grand-Pere de lad. Ieanne, que des autres Comtes.

Il apporte encor la mesme raison que Cassan sur la Bulle que le Pape Clement fit apres son acquisition de lad. ville, pour raison des allienations faites & à faire, de la Reyne Ieanne.

Ie me reserue de dire plusieurs autres raisons, & notamment celles qui sont apportées par Cesar Nostre-Dame, pour reuenir à la ville d'Auignon, laquelle s'estant declarée Republique, les Sieurs Consuls en l'an 1229. pour montrer leur authorité, firent faire vn canal pour tirer l'eau de Durance, pour faire moudre les moulins à bled; ainsi que ledit canal est encor, & les moulins aussi; & lad. eau sert pour arroser les prés & terroir d'Auignon, sous l'authorité desd Srs. Consuls, iaçoit que ledit canal prene son commencement dans le terroir de Caumons : car de ce temps là Caumons dépendoit de lad. Ville : ce qui se iustifie par la transaction sus énoncée.

Ie puis bien dire en passant, que le terroir d'Auignon s'estendoit delà la Durance: car au Contract de vente de Chasteaurenard, qui fut fait en l'an 1348. & le 30. Ianuier par la Reyne Ieanne. Il ne baille pas pour confront la Durance, ny l'isle dite d'Ampal : mais bien le terroir d'Auignon : cela se peut encor verifier par la vente que fit lad. Reyne de la Cité d'Auignon à nostre S. Pere en l'an 1348. & le 9. Iuin, pour le prix de quatrevingt mille florins d'or de Florence, où les confronts sont le terroir du pont de Sorgues, Vedenes Château-neuf l'amy de Caumōs d'vn côté & du Comté Venaissin de l'autre, le terroir d'Auignon, Châteaurenard, & Barbentane desquels confronts on peut inserer librement que Caumons estoit du terroir d'Auignon, & ledit terroir s'estendre au delà la Durance, puisque dans icelle vente n'est faite aucune mention de la Durance our confront, comme il se peut lire.

Ie ne passeray pas plus auant à parler es limites d'Auignon, & des lieux circonvoisins, puisque nôtre bon Roy mettra fin à toutes les disputes qui pourroient troubler le repos des habitans d'Auignon auec ceux de Noues, Chasteaurenard & Barbantane; nous ayant pris sous sa Protection, pour nous reünir au Domaine le quatriéme iour d'Octobre, enuiron les quatre heures du soir; auquel iour la Garnison Italienne a esté chassée par Ordre de sa Maiesté, & lesd. Habitans au lieu de crier le iour là *Viue le Pape*, comme de coûtume, pour estre le iour de sa creation, ont crié *Viue le Roy, viue le Roy.*

Tellement que sa Majesté a commencé à la reünir au Domaine de France, apres auoir demeuré és mains des Papes, à conter du iour de la vente 314. ans trois mois 4. iours. Et puisque c'est à sa Maiesté qu'il faudra recourir pour toutes ses limites. Les Habitans d'Auignon feront voir en son temps, que ledit terroir s'estendoit au delà la Durance plus de 3000. pas.

Ie reuiens à Douce, femme du Comte Raymond, laquelle mourant sans enfans, donna à son Mary tout ce qu'elle auoit; lequel apprehendant l'Empereur Federic, se fit bailler en fief tout ce qui luy auoit esté donné par sad. femme, & luy en fit hommage en l'an 1162. & le 15. des Kalendes de Septembre, inclus la Durance, la Mer Mediterranée, les Alpes, le Rhosne, & tout ce qui estoit delà la Durance, Auignon, & autres lieux en dépendans, ce qu'il ne pouuoit faire, puisque la Souueraineté appartenoit aux Roys de France, qui n'auoient fait le Royaume d'Arles que sous icelle reserue. Ladite infeudation est inserée au procés des limites, pour raison de la Durance, au fueillet 297. Sifredy, Not.

Lad. ville d'Auignon fut par apres possedée par indiuis par lesd. Comtes, & ses successeurs, au contre-gré des Habitans d'Auignon, lesquels enfin secouërent entierement le ioug; se declarerent tout à fait Republique, receurent dans leur ville les Albigeois, appellez auparauant les Vandois, ou pauures de Lyon: contre lesquels Louïs VIII. dressa vne puissante Armée, s'en vint fondre à Lyon, & le long du Rhosne, en l'an 1226. accompagné du Cardinal Saint Ange, Legat en France pour sa Sainteté.

Enfin arriué en Auignõ, y met le siege deuant, & apres auoir campé quelques mois entre par la brêche, fait raser les murailles, combler les fossez, abattre plusieurs maisons des plus hautes, mit dedans des bons Prestres, & Religieux, pour corriger l'heresie des Albigeois. Et apres poursuit le Comte Raymond, qui tenoit aussi le party des Albigeois, pour le reduire à l'Eglise Romaine: Mais enfin, en fut fait Traitté de Paix à Paris, par le Roy S. Louys, le Legat du Pape, & le Comte Reymond, imprimé dans le Bullaire d'Auignon, au fueillet 135 n.9. par lequel il appert, que ledit Comte Raymond quittoit au Legat Saint Ange, au nom de l'Eglise, tous les droits, si aucun en auoit és Terres qui estoient deçà le Rhosne, qui estoient de l'Empire.

Mais ce Traitté vn an apres en l'an 1229. & du mois d'Auril, fut reformé à Paris, en presence de deux Cardinaux, par le Legat du Pape, ledit Comte Raymond absous de tout ce qui auoit esté condamné; lad. Sentẽce reuoquée, & iceluy remis en ses biẽs & dignitez. Pierre Aubert en son Histoire, au Recueil des Rois de France, & Inuentaire des Papes, en fait mention, parlant de Gregoire IX. au fueillet 156.

Et ce qui fait voir clairement que ledit Traitté de Paix n'a eu aucun effet, pour ce qui concernoit le Pape, & l'Eglise : c'est que led. Comte Raymond deux ans apres en l'an 1230. & du mois de Decembre, infeuda de l'Empereur Federic II. plusieurs Villes & lieux du Comté Venaissin, & des plus principales : comme Carpentras, l'Isle, les Methames, Entraigues, Caderousse, Entrechaux, & Pierre Late ; dans laquelle infeudation ledit Empereur commande aux Habitans desd. Villes & lieux, d'obeïr audit Comte Raymond ; ainsi que se lit dans ledit Bullaire d'Auignon, Constit. 88. f. 138. ce que sans sujet & inutilement il auroit fait, s'il eût esté sien ; ou s'il s'en fut demis par ledit Traitté de Paix, en faueur du Pape Gregoire IX.

Et de plus, par les Statuts du Comté Venaissin. Et aux fueillets 94. & 95. est dit, qu'Alphonse fils dudit Raymond (si bien n'estoit que son Beau-Fils, se fit faire hommage aux Habitans de lad. Comté, en l'an 1252. vn an apres que les Habitans d'Auignon se furent remis sous la Souueraineté desd. Comtes : comme se lit dans ledit Bullaire, en la Conuention que firent lesd. Habitans auec lesd. Comtes, Charles, & Alphonse, au fueillet 98. n. 2.

Tellement que lesd. Comtes ont ioüy

dudit Comté Venaissin, nonobstant le susd. Traitté de Paix 73 ans apres: sçauoir, depuis l'an 1238. iusques en l'an 1302. qui est du temps que le Pape Boniface VIII. s'appropria le Comté Venaissin.

Il y a vne autre raison, qui semble ne souffrir pas difficulté, pour faire voir que le Traitté de Paix auoit esté reuoqué : c'est que, puisque ledit Comte Raymond auoit droit sur lad. ville d'Auignon, comme ledit Pape Gregoire IX. fut arriué en icelle, il auroit donné quelque demonstration de ses droits: comme aussi le Pape Clement VI. sans acheter Auignon de la Reyne Ieanne, qu'il auroit pû auoir fort facilement, s'il y eusse eu quelque droit, attendu que ladite Reyne Ieanne auoit bien besoin de ce temps là dudit Pape ; comme tout le Monde sçait, à cause des Guerres qu'elle auoit sur les bras.

Et quoy que ledit Pape Boniface aye reduit le Comté Venaissain sous l'obeissance du S. Siege, moyennant certaines Conuentions : comme est rapporté dans les Statuts du Comté; il ne le pouuoit pas faire ny les Habitans aussi, au prejudice du Souuerain.

De plus, depuis ledit Pape Gregoire IX.

iusques audit Boniface VIII. il a passé quatorze Papes, sçauoir, Celestin IV. qui ne tint Siege que dix-huit iours. Innocent IV. qui fut creé en l'an 1241. & tint le Siege 11. ans. Alexandre IV. tint le Siege 7. ans, & fut éleu en l'an 1252. Vrbain IV. en l'an 1261, tint le Siege 3. ans. Clement IV. natif de Saint Gilles en Languedoc, creé l'an 1265. tint le Siege 3. ans 9. mois. Gregoire X. éleu l'an 1271. tint le Siege 4. ans. Innocent V. Adrian V. Iean XXI. entre tous trois ne tinrent le Siege qu'vn an & demy. Nicolas III. éleu en l'an 1278. & tint le Siege 3. ans & 8. mois. Martin IV. de l'an 1281. tint le Siege 4. ans & 2. mois. Honoré IV. tint le Siege 2. ans, creé l'an 1283. Nicolas IV. creé en l'an 1287. & le 14. Pape fut Celestin V. creé en l'an 1293. ne tint le Siege que six mois, pour s'en estre démis volontairement; & à iceluy succeda ledit Boniface VIII. tous lesquels 14. Papes n'ont iamais pretendu aucun droit sur ledit Comté Venaissin.

Pierre Aubert en son Histoire des Rois de France, & des Papes, au feüillet 180. discourant du Pape Clement V. dit, qu'aucun Pape, fors Boniface VIII. n'a pretendu droit de superiorité sur le temporel du Royaune de France, & que dans le Thresor de France, il y a plusieurs Bulles de diuers Papes, qui ont declaré les Rois & Royaume de France, exempts de la superiorité & puissance des Papes. Si bien quelques Autheurs ont voulu dire, que cela s'entend de la superiorité temporelle.

Quelques-vns ont voulu dire, que ledit Empereur ne pouuoit pas donner lesdites Terres audit Comte Reymond, disant qu'il estoit excommunié & declaré heretique: mais à cela ils se mécontent grandement, puisque ledit Empereur ne fut declaré heretique, qu'en l'an 1239. ainsi qu'il appert au grand Bullaire Romain, en la Constit. 13. sous ledit Gregoire IX. l'an 13. de son Pontificat; laquelle Declaration fut aussi confirmée par Innocent IV. en l'an 1245. & du 17. Iuillet, appert au grand Bullaire en la Constit. 3. f. 112. par laquelle il defend & commande, à peine d'excommunication, à tous ceux qui auoient des fiefs releuans & dépendans dudit Empereur, de le reconnoistre; les déchargeant de tous iuremens de fidelité, & qu'ils n'eussent à luy obeïr, comme Empereur, ny comme Roy: Contre lequel ledit Empereur manda aux Princes Chrestiens Lettres, pour monſtrer la nullité de ladite Excommunication & Sentence, rapportée au Chapitre *ad Apoſt. de Sent. & re iudicata in 6.*

Tout cela ne peut de meſme nuire, quand il y auroit lieu (ce que non) à l'infeudation, que led. Comte Raymond auoit faite dud. Empereur : car elle fut faite du temps que ledit Empereur eſtoit bon Catholique ; puiſque ſe lit dans ledit Bullaire Romain ſous le Pape Honorius III. en ſa Conſt. 1. f. 90. que ledit Empereur Federic II. auoit fait des Loix contre les Heretiques, leſquelles furent apres confirmées par Celeſtin IV. en l'an 1243. Conſtit. 1. fol. 109.

Et ce qui fait voir encor plus clairement que les Papes n'auoient aucun droit au Comté Venaiſſin, & que ledit Traitté de Paix n'auoit eu aucun effet : c'eſt que dans la Conſtit. 6. ſous ledit Gregoire IX. en l'an 1234. inſerée audit grand Bullaire Romain Tome 1. f. 102. ledit Pape Gregoire apres s'eſtre retiré d'Auignon à Rome, defend l'allienation des terres & lieux que le S. Siege poſſedoit de ce temps là, ſans parler du Comté Venaiſſin. Si bien il deſigne toutes les Villes, Bourgs, & Chaſteaux, que le S. Siege auoit de ce temps là, intitulée *Prohibitio alienandi Terras, Caſtra, & alia loca dis Apostolicæ, atque consensu Sanctæ Romanæ Ecclesiæ Cardinalium.* Ladite Constitution est immediatement apres celle que fit ledit Pape Gregoire dans Auignon, sur la Reformation de l'Ordre des Moines de S. Benoit, laquelle seruira pour fermer la bouche à ceux qui ont voulu dire, que ledit Pape n'auoit iamais esté dans Auignon; & qu'estant à Rome, il ne pouuoit pas prendre possession du Comté Venaissin, ny moins sçauoir l'infeudation du Comte Raymond puisque par icelle il appert, que ledit Pape Gregoire en l'an 1233. 2. ans apres la susd. infeudation, fut en Auignon: d'où retourna à Rome, sans rien dire. Ce qui fait voir qu'il sçauoit tout ce qui s'estoit passé.

Et si bien le Statut du Comté Venaissin fait mention, qu'il y auoit deux freres de la Maison d'Anjou, & que l'vn estoit Comte de Prouence, Seigneur d'Auignon, & Roy de Naples. A cela il a erré grandement: car Auignon de ce temps là viuoit en Republique; & lesd. Comtes Raymond & Berengier, quand ils firent leur partage en l'an 1125, ils laisserent par indeuis la Cité d'Auignon, son Terroir, Caumons, le Pont de Sorgues, & autres lieux en dependant à cause de la difficulté que faisoient les

Habitans de le reconnoistre : comme il se peut voir en la Transaction produite au procez des Habitans d'Auignon auec Barbentane, pour raison des limites & termes le long de Durance, écriuant feu M. Sifredy, pour lors Secretaire de la Legation d'Auignon, inserée dans la grosse dudit procez au fueillet 674.

Il ne faut pas de grandes raisons pour faire voir qu'il s'est encor méconté grandement en ce qu'il dit, que le Roy Louys en l'an 1456. auoit fait hommage au Pape des Terres de la Baronnie Saint Auban, de Romans, &c. Puisque tout le Monde sçait que ce n'a esté que par eschange de la ville de Valrias, Visan, & autres lieux qui se trouuent enclos entre la Principauté & le Dauphiné ; ce que les Rois de France ne deuoient faire, puisque cela leur appartenoit, non seulement pour les raisons cy-dessus auancées : mais encor pour auoir acquis les droits, entant que de besoin, que les Empereurs auoient en ces terres là, & lesquels Cassan dit auoir esté achetez de l'Empereur Henry en l'an 1330. par Philippe de Valois, pour le prix de 300000. mars d'or.

Pierre-Late, qui est dans le Dauphiné, & qui

qui a esté remis par le Pape au Roy, fait voir que les Terres de ce quartier là estoient encor de celles que ledit Pape Boniface s'estoit approprié, puisque ledit Pierre Latte est des lieux que ledit Comte Raymond infeuda dudit Empereur Federic, apres son Traitté de Paix, & reuocation d'iceluy ensuiuie.

Il ne se faut pas estonner si ledit Pape Boniface VIII. s'est approprié le Comté Venaissin. Tout le Monde peut sçauoir sa vie par moyen des Histoires. Il se croyoit Souuerain de tout l'Vniuers. Et Pierre Aubert en son Histoire des Papes & Roys de France, au fueillet 175. dit, que ledit Pape s'estoit emporté iusques là, que de mander vne Bulle au Roy de France. en l'an 1301. par laquelle il disoit que le Roy estoit son Sujet, & qu'il tenoit le Royaume de luy; laquelle Bulle fut bruslée, & le Nonce contraint de déloger de la France sans honneur.

Enfin, il est hors de doute & difficulté que les Habitans dudit Comté Venaissin n'ont pû faire aucun accord auec ledit Boniface VIII. à l'interest de son Souuerain, non plus que les Habitans d'Auignon, au preiudice du Roy Louys VIII. qui auoit conquis ladite Ville ſur les Albigeois, leſquels au preiudice de lad. acquiſition, ſe donnerent aux Comtes en l'an 1251. ſçauoir, Alphonſe, & Charles I. qui auoit épouſé Beatrix, fille du Comte Raymond Berengier, en l'an 1246. ſon Mariage eſt aux Archiues de Prouence; & de ſon temps la ſuperiorité Imperiale commença à ceſſer; & du depuis leſdits Charles & Alphonſe, ont toûjours par apres poſſedé lad. ville d'Auignon par indiuis, iuſques à ce Philippe le Bel Roy de France, qui par moyen de ſon pere Philippe auoit ſuccedé aux droits d'Alphonſe mary de Ieanne, icelle fille de Raymond le ieune, Comte de Toloſe, pour la part concernant ledit Alphonſe mort ſans enfans, donna à Charles II. dit le Boiteux, fils dudit Charles I. & de Beatrix, apres le Mariage de Marguerite Infante de Cicille, & de Prouence, tous les droits qu'il auoit ſur lad Cité d'Auignon, & lieux en dépendans; laquelle donation ſortit ſon effet en l'an 1295. ſi bien le Procureur du Roy Charles en l'an 1300. & le 12. de Nouembre, preſenta tant ſeulement les Lettres Patentes aux Iuges d'Auignon, par leſquelles il eſtoit porté, que ledit Roy Philippe en l'an 1290. & du mois de Septembre, auoit donné audit Charles II. tous les droits qu'il pouuoit auoir sur lad. Cité, son département & détroit. Ladite donation est registrée dans le Liure de Raymond Ioannis, Notaire d'Auignon, en l'an 1365. & le 14. d'Aoust, depuis lequel temps de lad donation, ledit Charles II resta seul heritier, Comte de Prouence, & Seigneur de la ville d'Auignon. Ledit Charles est celuy qui acquit par échange les droits que l'Hospital de Saint Iean de Ierusalem auoit sur la Principauté d'Orange; de laquelle ie parleray, dés que i'auray finy pour Auignon & le Comté Venaissin.

Audit Charles a succedé Robert son fils, lequel par le testament qu'il fit à Naples, l'an 1343. & le 17. Decembre, institua son heritiere sa petite fille Ieanne, laquelle ayant recueilly l'heritage fut Reine de Naples. Sicile Comtesse de Prouence vendit (comme i'ay dit) ladite ville d'Auignon à Clement VI. en l'an 1348. pour le prix de 80000. florins d'or de Florence.

Ie ne m'arresteray pas pour en faire le conte, puisque ie feray voir cy-apres, qu'il ne sera pas besoin d'en faire la restitution.

Dupuy dit, que cette somme en monnoye de France, arriue à 48000. liu. le curieux pourra faire le conte: car Macaut Secretaire de France, à la fin du premier Tome de Diodore Historiographe Grec, dit, que le Mar d'or en l'an 1342. ne valoit que 150. liu. tournois.

Que si Cassan s'est méconté en ce qu'il dit, que c'est Clement VII. qui a fait lad. acquisition du temps du grand Schisme, lequel n'a esté qu'en l'an 1378. ny Clement VII. institué Pape. Il ne s'est pas méconté aux belles raisons qu'il deduit en fait, & en Droict, que ie laisseray aux curieux à lire, pour rapporter ce qu'en dit Cesar Nostredame en son Liure, qu'il a fait de l'Histoire de Prouence, sous le regne de Louïs & de Ieanne, en son 4. li. part. 4. lequel dit, aussi bien que Cassan, que le Pape Clement ne se ressouuenant de l'acquisition, qu'il auoit fait de la ville d'Auignon, fit vne Bulle, par laquelle il declara nulles toutes les ventes de la Reyne Ieanne, faites & à faire: ce qui denote en quelque façon, que ledit Pape croyoit son acquisition nulle.

La nullité de cette vente se peut encor iustifier, en ce que les Habitans d'Auignon ne voulurent pas reconnoistre, ny prester hommage de fidelité audit Pape Clement & ne le presterent qu'enuiron dix ans apres, du temps du Pape Innocent VI. qui obtint cela sur l'esprit desdits Habitans, moyennant de beaux Priuileges qu'il leur donna, & notamment ceux qui estoient mentionnez dans le Contract fait entre lesd. Citoyens, & lesd. Comtes : ainsi que se lit dans ledit Bullaire d'Auignon, en la Constitution 76. en l'an 1357. & le 6. des Kalendes d'Auril.

Vne des raisons que lesdits Habitans d'Auignon apportoient, estoit fondée sur ce que lors que lesd Habitans se donnerent aux Comtes. Dans leur Conuention estoit dit, *donantes eisdem & eorum hæredibus, in perpetuum quidquid ultra ius eorundem commune ciuitatis prædictæ tenebat, seu habebat, vel habere poterat, &c.* disant que ce mot, *& eorum hæredibus*, par la disposition du droit, qui veut *eos tantum esse suos hæredes qui in potestate sunt.* C'estoit à dire, & à ses enfans; & que tel estoit, & auoit toûjours esté l'intention desd. Habitans, pour ne tomber en mains estrangeres; & s'il eût esté autrement entendu, on auroit ajoûté, *& successoribus quibuscunque.*

Il a esté iustement opposé, que N. S. Pere le Pape Clement bailla de l'argent pour raison de lad. acquisition, & tant luy que ſes Succeſſeurs ont fait des groſſes dépenſes qu'il eſtoit iuſte & raiſonnable que le tout luy fut rendu.

Sur quoy en diſcourant auec vn de mes amis, qui eſtoit plus expert que moy, dans ces affaires, pour auoir plus leu, & eſtre beaucoup plus âgé. Il me fut reſpondu que cette propoſition ſembloit ne ſouffrir pas difficulté : Mais que quand elle ſeroit veritable, il falloit que noſtre S. P. le Pape rendit prealablement à ſa Majeſté des ſommes immenſes, que tant ſa Sainteté, qu'antceceſſeurs, auoient receu d'Auignon, & du Comté Venaiſſin, par pluſieurs & diuers moyens.

En premier lieu, il m'allegua les Offices qui ſont eſtablis dans Auignon & le Comté qu'on luy auoit dit valoir plus de 600000. liures, cela m'a obligé d'en faire la recherche, & à la verité, il ne s'eſt pas grandement trompé.

En ſecond lieu, il me dit, qu'on l'auoit informé, que les Treſoriers d'Auignon, & du Comté, mandoient tous les ans à Rome, depuis que Monſieur Philonnarde fit reformer la Garniſon, tant par moyen des faſtigages ſans ſoldats, que le pays paye (nonobſtant ſes proteſtations) que par moyen les Offices vaquant par mort, fiefs, lods, censes, rentes, confiscations, peines, compositions, & amandes de sommes fort considerables.

Troisiémement, qu'il feroit doute que sa Maiesté n'eût droit de repeter cinquante ou soixante mille escus, qu'Auignon & le Comté auoient mandé au Pape Vrbain, du temps des guerres passées en Italie.

Quatriémement, que sa Maiesté pût demander ce que ses ayeuls ont fourny, pour entretenir le siege de Menerbe contre les Hoguenots, pendant trois ou quatre ans. Comme aussi les frais que fit François II. pour l'entretien de 8000. Suisses, pour conseruer Auignon, contre Charles V.

Il me dit, qu'il ne vouloit pas parler de l'annate, ny des autres sommes que le Saint Siege auoit tiré, par moyen des Eueschez, Abayes, & Prieurez, qui surpassent les millions.

Il auança encor, qu'il soûtenoit, que puis que le Comté appartenoit legitimement à sa Maiesté, nostre S. Pere le Pape, & le S. Siege auoient à rendre beaucoup plus qu'ils n'auoient donné & despensé, pource qu'ils auoient receu par moyen des allienations des fiefs des lieux & Cha teaux du Comté Venaissin, estant en nombre de 82. qui sont quasi tous allienez ; & encor la plusspart de ceux qui sont restez, se sont rachetez, pour n'estre sujets à des vassaux & Seigneurs.

Cela m'obligea de m'informer en particulier, pour raison desd. allienations. Il me fut dit que Clement VII. pendant le temps qu'il estoit en Auignon (auquel temps il fit Cardinal Monseigneur S. Pierre de Luxembourg, à qui i'ay de grandes obligations, tant pour moy, que pour mon fils, auquel par son intercession, le bon Dieu rendit la vie, estant tombé mort à mes pieds d'vne apoplexie, en l'an 1646.) en alliena quelques vns.

Ie croyois de recouurer les memoires, pour en parler en détail, pour les ioindre auec celles que i'ay, pour raison du Château d'Oppede, qui appartient à la maison de Meynier. Pour raison duquel il a falu obtenir diuerses Bulles, pour s'en rendre paisible possesseur. Monsieur Accurce de Meynier, fils de Guillaume, qui fut enterré dans l'Eglise des R. P. Celestins : a esté le premier qui obtint le fief dudit Chasteau & leua Bulle d'Alexandre VI. qui ne voulut donner lad. Seigneurie, qu'audit Meynier, & à ses enfans masles. Leon X. l'emplia aux femelles,& masles d'icelles l'an 8. de son Pontificat. Clement VII. en l'an 7. de son Pontificat,qui fut en l'an 1529.& le 10.des Kalendes d'Auril,confirma les precedentes concessions. Ledit Pape fit aussi l'erection de lad Seigneurie en Baronnie.

Paul III. a apres confirmé lad. concession,confirmation,innouation, & erection en Baronnie,confirmées és Lettres d'Alexandre Clement,& successeurs, en faueur de Mr. Iean de Meynier,Fils d'Accurce, & l'emplia à ses successeurs quelconques: mesmes par alienation en l'an 1535. & le 4.des ides d'Auril;& de tout cela,en a falu leuer Bulle, aussi bien que du Priuilege du Comte Palatin , que ledit Pape Paul III. donna audit de Meynier, & à la Baronnie d'Oppede,en recompense du seruice que auoit rendu à l'Eglise du temps des Guerres contre les Huguenots.Encor auec tout cela ne le laisserent pas posseder en paix ledit Chasteau : car le Procureur du Pape en ses pays,auec quelques Habitans d'Oppede, à luy mal affectionnez, le vouloient déposseder. Bertrandus grand Iurisconsulte de la ville de Carpentras , en son Cons. 56. vol.1 part.dern. en fait mention : mais auec l'aide de Dieu il en est demeuré paisible possesseur.

Ledit Chasteau estoit beaucoup plus beau, qu'il n'est à present, ayant esté ruiné par les Italiens, qui l'osterent des mains de Dame Claire de Meynier, femme de Mr. Antoine de Glandeues, Seigneur de Pourriere, Fille dudit feu Iean de Meynier, & de Noble Ieanne de Vintimille, & d'iceluy en enleuerent tout ce qui estoit de plus beau & bon, meubles, & armes, qu'ils firent traduire dans cette ville d'Auignon. Et mesmes il n'y a pas long-temps que j'y ay veu des pieces de campagne, où sont les Armes de la maison de Meynier (que led. Seigneur à present, ou ses heritiers ont droit de repeter)

Ledit Chasteau est obuenu entre les mains de la maison de Forbin, par moyen de Dame Anne de Meynier, Fille dud. feu Iean, premier President, quand viuoit, en la Cour de Parlement de Prouence, laquelle fut mariée auec Mr. de Pelussis, Seigneur de Lauris en l'an 1544 le 28. Octobre, & icelle n'ayant aucun masle, maria Madame Claire de Pelussis, Fondatrice des Dames Religieuses Carmelites de cette ville, auec Mr. Iean de Forbin, au premier masle de laquelle donna tous ses biens : notamment la Baronnie & Chasteau d'Oppede, à condition qu'il porteroit son Nom & Armes. Et pour ce sujet, Mr. Vincent de Forbin fut nommé Vincent Anne de Meynier, qui fut aussi premier President, lequel se mariant en seconde Nopces auec Dame Aymare de Gastellane, Mr. Henry de Meynier de Forbin leur Fils, à present premier President y a succedé.

Ie reuiens à mon discours, qui est de parler de la ville d'Auignon, laquelle a eu de beaux Priuileges, que les Rois de France luy ont donné, principalement en l'an 1567. par Charles IX. qui dit en ses Lettres Patentes, par mesmes mots ; & generalement vser de tous les Priuileges, Franchises, & immunitez, que ioüyssent nos propres Sujets, Natifs, & Regnicoles ; lesquels Priuileges ont par apres esté confirmez de regne en regne. Ce qui fait voir que les Roys de France ont tousjours eu le dessein de se conseruer lad. ville d'Auignon, & le Comté Venaissin, lesquels s'ils nous ont donné tant de Priuileges, estant sous vn autre Souuerain, que ne feront-ils nous ayant reüny à leur Domaine.

Il y a vne chose à remarquer là dessus

bien considerable, c'est que depuis onze ou douze cens ans en ça, qui est depuis le temps que Clouis osta lad. ville d'Auignon à Gondebaud, Frere du Roy de Bourgogne elle n'a iamais reçeu aucun déplaisir des Rois de France, ains au contraire, toute sorte de faueurs, sans auoir iamais reçeu aucune recompense, ny mis aucune imposition particuliere.

Clouis nous a osté des mains des Bourguignons.

Childebert son Fils en a chassé les Gots.

Charles Martel, & l'Empereur Charlemagne, les Sarrazins.

Louys VIII. les Albigeois.

Et si bien ledit Louys a fait raser les murailles de lad. ville, ce n'estoit pas pour en vouloir auxd. Habitans, mais pour en chasser les Albigeois, qui s'estoient emparez de lad. ville: car apres les auoir chassez laissa viure lesd. Habitans dans la liberté, cõme ils estoient auparauant, ainsi que se iustifie par la conuention qui en a esté faite entre lesd Habitans & lesd Comtes, en l'an 1251. 23 ans apres que lesd murailles furent abatuës, qui fut en l'an 1228. & tant deuant qu'apres qu'elle a esté entre les mains desd. Comtes, lesd. Rois de France leur ont toûjours fait de grands biens, & concedé de beaux Priuileges, pour lesquels il ne faut pas douter que sa Maiesté Tres Chrestienne ne les conserue & augmente.

Enfin, pour n'estre ennuyeux, & que châcun puisse sçauoir les successions succintement des vns aux autres, comme i'ay dit, c'est qu'Auignon a commencé par les Grecs, des Grecs aux Romains, des Romains aux Bourguignons, des Bourguignons à Clouis, de Clouis aux Gots, des Gots à Childebert fils de Clouis, qui les chassa d'Auignon, de Childebert à Iustinian & Iustin son fils, pour quelques années, de Iustin à Clotere, petit fils de Clouis, de Clotere aux Sarrazins, des Sarrazins à Charles Martel Charlemagne, & à Charles le Chauue, de Charles le Chauue à Boson, Comte d'Ardene, pour la dote d'Hermengarde sa Niepce, que Cassan dit estre fille de Louys le Debonnaire; & l'Autheur de la verité Prouençale, dit, qu'elle estoit fille de l'Empereur Lothaire: De Boson à Rodolphe, dernier Roy d'Arles, pour raison de la succession duquel il y a diuerses opinions: Les vns disent, qu'il fit heritier l'Empereur Conrad le Salique; vn autre dit, que ledit Rodolphe fit accord auec Hugues, à condition que son fils Bastard appellé Guillaume, auroit la Comté de Prouence, & luy en feroit hommage, de Guillaume à Gilbert, qu'on dit estre premier Comte Souuerain; de Gilbert, par moyen de ses deux filles aux Comtes Reymond, & Berengier, lesquels lad. ville d'Auignon n'a iamais voulu reconnoistre, non plus que le Roy d'Arles, & autres Comtes; mais viuoit en espece de Republique; & mêmes du temps desd. Comtes Reymond & Berengier, lad. ville se declara tout à fait Republique; de Republique aux Albigeois, des Albigeois à Louys VIII. de Louys VIII. aux Comtes Charles & Alphonse, ausquels lad. ville d'Auignon se donna par accord, desd. Comtes à Philippe le Bel, de Philippe à Charles, de Charles à Robert, de Robert à Ieanne sa petite fille, de Ianne au Pape Clement VI. du Pape Clement à nôtre Grand Roy Tres-Chrestien Louys XIV qui nous veut reünir à son Domaine, & legitimement, par les raisons suiuantes.

En premier lieu, pour auoir esté conquise sur les Bouguignons par Clouis, ou par moyen de la succession de Clotilde.

2. Pour auoir esté recouurée par Chil-

[..]ebert, fils de Clouis premier Roy Chre-[..]stien.

3. Pour auoir esté ostée des mains de Iu-[..]stin, par Clotere.

4. Par moyen de Charles Martel, qui [..]chassa les Sarrasins de lad. Ville.

5. Pour estre du Royaume d'Arles, qui n'auoit esté fait que sous la souueraineté des Rois de France.

6. Pour auoir esté conquise sur les Al-bigeois par Louys VIII.

7. Par moyen des Comtes Charles, & Alphonse, ausquels les Habitans de ladite Ville se donnerent, ne voulant plus viure en Republique.

8. Pour raison de l'achept que fit Phi-lippe de Valois des droits de l'Empereur Henry en l'an 1230. quoy qu'il n'y en eût point.

9. Par la cession que fit Dom Iaques Roy d'Aragon, & Comte de Barcellonne, en l'an 1260. de tous les droits qu'il auoit sur lad. Ville, à Philippe le hardy.

10. Par moyen du Mariage de la fille du Comte Raymond, pour raison desquels la moitié de lad. Ville appartient à la Cou-ronne de France, estant tous deux morts sans enfans.

11. Par moyen des substitutions apposées aux testamens des Comtes de Prouence; & notamment de Robert grand pere de la Reyne Ieanne, qui vendit lad. ville.

12. Pour estre lad vente nulle, par plusieurs raisons, & notamment (comme i'ay la prohibition d'alliener par Robert, pour la minorité de lad. Reyne Ieanne. Le defaut de realité, & renonciations expresses, à diuers droits introduits en faueur des femmes, qui ne sont qu'en general. Aussi bien le Pape Clement achepteur, declara son achept nul, par vne Bulle, qu'il fit apres son acquisition.

Il y a plusieurs autres raisons, qui son déduites au long dans le present Traitté.

COMTÉ VENAISSIN.

POur le Comté Venaissin, le Pape n'y peut auoir aucun droit, que par moyen du Traitté de Paix qui fut fait à Paris l'an 1228 entre le Roy S. Louys, le Pape, & le Comte Raymond: mais tel droit cesse.

Premierement, pour auoir ledit Traitté de Paix esté reuoqué à Paris, & declaré nul par le Legat du Pape, en presence de deux Cardinaux, en l'an d'apres 1229 aussi ledit Comte Raymond en fit-il amande honorable; & icelle faite, fut remis en tous ses biens,

biens, honneurs, & dignitez.

2. Le Comte Raymond infeuda de l'Empereur Federic plusieurs Villes du Comté Venaissin, & les plus principales en l'an 1230.

3. Les Habitans du Comté Venaissin en l'an 1252. presterent hommage de fidelité à Alphonse, Beau-Fils du Comte Raymond.

4. Qu'Alphonse & ses successeurs, ont iouy du Comté Venaissin, iusques en l'an 1303. temps de l'appropriation dudit Pape.

5. Que les droits que l'Eglise Romaine a sur le Comté Venaissiu, ne procede d'autre part que de l'appropriation du Pape Boniface VIII.

6. Que du iour du Traitté de Paix à celuy de l'appropriation, auoit passé 73. ans, & regné 14. Papes.

7. Que iamais aucun Pape n'a pretendu droit sur la Souueraineté du Royaume de France, que ledit Pape Boniface, qui se croyoit Souuerain de tout le Monde, lors qu'il fit cette appropriation dudit Comté Venaissin; à quoy il se mécontoit grandement: car les Roys & le Royaume de France, sont exempts de la duissance des Papes,

& ledit Royaume ne peut estre interdit; dequoy plusieurs Papes y ont concedé diuers Priuileges: comme Innocent IV. Alexandre IV. Clement V. lesquels Priuileges ont esté confirmez par apres, par sept Papes consecutifs, desquels les Bulles sont encor au Thresor de France.

ORANGE.

J'Auois commencé à parler d'Orange, lors que ie traittois de Charles II. celuy qui a acquis par échange en l'an 1307. & le 22. Octobre, Notaire, Pelegrin de Gauaisan, les droits que l'Hospital de S. Iean de Ierusalem auoit sur la Principauté d'Orange: Le Contract est aux Archiues de Prouence; lesquels droits ledit Charles quitta par apres à Bertrand des Baux, Prince d'Orange; & pour ce sujet ledit Bertrand presta hommage, & serment de fidelité audit Charles: à la reserue de la troisiéme partie du peage du Rhosne, en l'an 1308. & le 22. Mars, Notaire, Antoine Fabre.

Robert son fils se fit aussi prester hommage de fidelité, de la mesme façon que son Pere, en l'an 1309. & le 17. Mars, Nostaires, Guillaume Iudieu, Venfredy Nenstono, & Bernard Gardet.

Le fils dudit Bertrand de Baux, appellé Guillaume, presta encor hommage de la mesme façon, & faisant Bertrand de Baux en l'an 1311. & le 24. Iuillet, transaction auec les Habitans de lad. Principauté, sur les differens des Priuileges & libertez données par ses Predecesseurs auxd. Habitans, reserue expressément les droits de superiorité de Robert Comte de Prouence.

Et pour faire voir clairement, que lad. Principauté dépendoit des Comtes de Prouence, & Roys de Sicile: c'est qu'en l'an 1367. & le 10. Iuin, Bertrand de Goult, grand Seneschal de Prouence, ayant fait des Informations contre Raymond de Baud, Prince d'Orange, Bertrand son frere & complices, pour raison de quelques excés, commis en la Ville de Courteson. La Reyne Ieanne donna grace auxdits de Baux, ainsi qu'il appert dans les Registres de la Chambre des Comtes de Prouence. A laquelle Ieanne succeda audit Comté de Prouence, Louys I. Duc d'Anjou, son fils adoptif, auquel, & à Madame Marie sa Mere, Raymond de Baux, fils d'autre Raymond, Ayeul Paternel de Marie de Baux,

& Mere de Louys de Chalons, presta hommage de fidelité, les mains jointes, les genoux à terre, la teste découuerte, dans la Maison Episcopale de la Ville d'Auignon, le 11. Iuin 1383. Louys II. aussi Duc d'Anjou, & Louys III. aussi Duc de Calabre, fils dudit Louys II. ont succedé audit Louys I. & regné iusques en l'an 1474. lesquels ont tenu ledit Comté de Prouence auec bons iustes, & legitimes titres, honneurs, hommages, serment de fidelité, & superiorité desdits Princes d'Orange.

Ce qui se peut iustifier par diuers Actes d'Appels, des Sentences données par les Officiers du Prince d'Orange, aux Roys de Sicile, Ierusalem, Comtes de Prouence; & notamment en vne Sentence donnée par le Iuge ordinaire d'Orange, contre vn nommé Iean Gautier, autrement Gros, lequel s'appella au Iuge des Appellations du Comté de Prouence, en l'an 1407. & le 11. Iuillet, Notaire Maximin, de Vienne.

Les Consuls ou Sindics, aussi de lad. Ville d'Orange, en l'an 1410 & le 18. Iuillet, se porterent pour Appellans de l'Institution d'vn Viguier, au Roy de Sicile, & Ierusalem Notaire, led. Maximin de Vienne.

Et si bien en l'an 1436. & le 6. Aoust, Rele Duc de Lorraine, se trouuant prisonnier entre les mains du Duc de Bourgogne, emprunta de Louys de Chalons, Prince d'Orange, son Vassal, fils dudit Iean de Chalons, & Marie de Baux, fille & heritiere du dernier Raymond de Baux, la somme de 15000. liu. auec promesse de les luy rendre aux Festes de la Noël lors suiuante, autrement, & iusques à ce qu'il les luy eût renduës, il luy quittoit la Souueraineté de la Principauté d'Orange, lesquelles 15000. liu. ont aprés esté offertes en l'an 1447. & le 16 May, par ledit Roy René, audit Louys de Chalons, auquel, à cause du refus, & dilayement de receuoir lad. somme, fut deputé vn Conseiller & Maistre des Requestes en la Chambre des Comtes, pour entendre les causes du dilayement, lequel Louys de Chalons par sa lettre & Responce qu'il fit au Roy de Sicile, il l'appelle son Tres-Haut, & Tres Redouté Seigneur.

Et de plus en l'an 1471. & le 20. du mois de Ianuier, les Habitans d'Orange ayans esté mal traittez par Guillaume de Chalon, fils de Louys Prince d'Orange, par l'entremise de quelques Seigneurs fut faite transaction, à la reserue pour lesd. Habitans, du droit de recourir, prouoquer, & appeller,

Notaires, Estienne Truffandy, Iean Polgnard, & Iean de Bizaneria.

Apres laquelle transaction ledit Guillaume fit vne Declaration, qu'il n'entendoit point porter prejudice aux droits que les Roys de Sicile & Comtes de Prouence auoient sur lad. Principauté.

Il se trouue encor, qu'en l'an 1475. & le 9. Iuin, ledit Guillaume de Chalons fit vente & transport de la superiorité d'Orange en dernier ressort, à Louys XI. Roy de France, comme Dauphin, pour la somme de 40000. escus: ce qu'il ne pouuoit faire: car dans ledit acte est fait mention, que ladite Principauté releuoit des Roys de Sicile, Comtes de Prouence; & en dernier lieu, dudit Roy René, pour les droits duquel ledit Louys XI. auoit droit, comme proche parent, de retirer l'allienation dudit Domaine, ledit acte est aux Archiues du Dauphiné.

Et si bien par lad. vente, audit an, & aud. mois, ledit Roy Louys XI. a fait Declaration en faueur dudit Prince d'Orange, qu'il luy estoit loisible & permis de s'intituler Prince par la grace Dieu, faire battre monnoye, donner grace, & vser de tous Priuileges: cela ne donne point le droit de souueraineté ; puis qu'il se reserua le dernier ressort en la Cour du Dauphiné, & que ledit Prince demeuroit Vassal, & homme liege dudit Roy Dauphin, aussi bien ledit Guillaume de Chalōs en a fait diuers hommages : ce qui fait voir qu'il ne s'est iamais crû Souuerain

Il y a vne chose à remarquer là dessus : c'est que lors que le Procureur du Roy Louys XI. vint prendre possession de la Souueraineté de lad. Principauté, comme Roy Dauphin. Le Procureur du Roy René s'opposa en Auignon, pour raison de lad. superiorité, disant que ledit Prince d'Orange n'auoit tels droits, que pour engagement, pour la somme de 15000. l. laquelle luy ayant esté offerte, auoit promis receuoir, appert de lad. opposition par Me. Iean Prepositi, & Estienne Macary, Notaire d'Auignon.

Nonobstant laquelle opposition, fut passé outre, & lesd. Habitans de lad. Principauté, ont ressorty long-temps apres du Parlement de Dauphiné, mesme iusques en l'an 1499. & le 10. Iuillet, que Louys XII. fit declaration, en faueur de Iean de Chalons fils de Guillaume, en considera-tion des seruices qu'il auoit reçeu d'iceluy,

& notamment au fait du Mariage de Madame Anne, Ducheſſe de Bretagne, que l
ſomme de 40000. eſcus, n'auoit pas eſt
baillée audit Guillaume par Louys XI &
qu'il vouloit que nonobſtant lad. vent
ledit Iean ioüit de lad. Principauté, comm
il faiſoit auparauant lad. vente : à laquell
Declaration le Procureur du Dauphin
s'oppoſa, & ſe porta pour appellant au Ro
Dauphin : appert par Me. Guillaume d
Nozuns, Notaire Royal Delphinal, Habi-
tant de S. Paul le 10. Septembre en lad. an-
née: Mais nonobſtant lad. oppoſition, ledi
Prince d'Orange, pour raiſon de la Iuſtice
y eſtablit quatre Aduocats de la ville d'A-
uignon, qui ſe diſoient eſtre Preſidens, &
Conſeillers, leſquels adminiſtrerent la Iuſtice depuis l'an 1499. & le 10. Septembre,
iuſques en l'an 1514. que François I. redui-
ſit lad. Superiorité d'Orange, au Domaine
de Dauphiné, où elle a demeuré iuſques
en l'an 1547. & le 23. Iuillet, auquel temps
en conſideration de la Paix, qui fut faite
entre le Roy François, & l'Empereur Charles V. Ledit Roy François conceda Lettres
de Reintegrande à Meſſire Guillaume de
Naſſaut, heritier de René fils d'Henry,
& de Claude de Chalons; deſquelles Lettres

près les Habitans d'Orange se porterent pour Appellans, disans, que cela portoit prejudice à la transaction cy-deuant énoncée : Mais leur Appel fut renuoyé deuant le Roy, en son Conseil Priué, ou parties oüyes, & admises à produire, fut octroyé Lettres Compulsoriales auxdits Habitans, pour extraire Actes, Papiers, & Documens, en datte du 1. Feurier 1548. en execution desquelles vne bonne partie des documens sus-mentionnez, ont esté extraits, & produits. Le procés est encor pendant par deuant le Roy : nonobstant que les assignations ayent esté données aux Procureurs Generaux de sa Majesté, és Pays du Dauphiné, & Prouence, sur la superiorité que chacun d'iceux pretendoit : mais le Prince n'a rien produit, sous pretexte qu'il disoit, le Roy n'estre Iuge competant dudit affaire.

Il est vray, que le Roy pendant lad. Appellation, ordonna par Lettres Patentes, que les Habitans de lad. Principauté recouriroient à Grenoble : ce qui a esté obserué en l'an 1559. & le 30. May.

Les Guerres Ciuiles, pour raison du different de la Religion, ont empesché la vuidange dudit affaire.

Ie ne parleray pas des droits que sa Maiesté pourroit auoir, pour raison des felonnies commises par lesd. Princes d'Orange: encor moins des droits que Mr. le Duc de Longueuille pretend y auoir, à cause de la succession de Marie des Baux, fille de Raymond, & femme de Iean de Chalon, qui fut par ce moyen Prince d'Orange, lesquels firent tous deux testamens en l'an 1417. & le 21. Octobre, auec cette clause, que défaillans les masles de Louys, Hugues, Iean, & masles de leurs masles, il substituoit Alix, & les enfans masles d'icelle.

Ie laisseray aux Princes à vuider ce different, & mettray fin à mon discours, qui n'a esté fait que pour tirer d'erreur le public, & satisfaire le curieux.

FIN.

Fautes suruenuës à l'Impression.

FOl. 5. ligne 24. defaits lisez chassez. fol. 7. lig. penultiéme ces Gots lisez des Gots. fol. 17. lig. 15. erreur, pour estre le iour de la Creation du Pape mort, fol. 36. lig. 23. & 26. lisez Perussis fol 42 lig. 6. comme i'ay, lisez, comme i'ay dit, fol. lig. 1. apres Roy Chrestien manque sur les Gots.

www.ingramcontent.com/pod-product-compliance
Lightning Source LLC
LaVergne TN
LVHW010044230826
846091LV00005B/1856

* 9 7 8 2 0 1 1 2 9 4 3 9 5 *